UN MOT DE CONVERSATION

SUR LA

SITUATION DE LA FRANCE

DEPUIS

FÉVRIER 1848.

LE
BONHEUR DE LA FRANCE
AVANT TOUT.

Eugène. Ah ! bonjour, mon cher, voilà quatre ans que nous nous sommes rencontrés ; il s'est passé de grands évènements depuis ce temps ; nous avons été des amis. A propos, tu es né en 1786, tu dois être un républicain *pur sang*.

Silvain. Je suis content de te revoir, mon cher camarade ; mais je commence par te dire que tu te trompes ; c'est justement parce que je me souviens des temps orageux de 1792 et 1793 que je ne suis pas républicain rouge de la veille, pas plus que de l'avant-veille, et encore moins *pur sang*, j'ai de trop fortes raisons à cet égard.

Eugène. Pourquoi donc ? les républicains sont de vrais patriotes, et tu oses me parler ainsi ?

Silvain. Je ne vais pas à l'encontre, je suis aussi un patriote et loin d'être hostile à la république. C'est que je crois que je lui ferai plus de bien que toi, car les vrais patriotes sont les hommes qui secondent le pouvoir, pour arriver à faire de bonnes lois et qui cherchent des moyens convenables pour améliorer le sort des classes souffrantes.

Eugène. Te voilà comme les autres... en effet, je t'ai toujours connu un caractère pacifique, ayant servi l'empire et les royautés ; enfin, tu es *un aristo.*

Silvain. Eh bien, moi ! je me souviens qu'à Hambourg, année 1812, où nous avons été employés ensemble, tu avais déjà un caractère de forte opposition ; en libéral prononcé, tu ne trouvais jamais rien de bien, tu critiquais les actes du gouvernement, tout en étant salarié par lui... Au fait, quel bien ton caractère *anarchiste* t'a-t-il produit ? Tu avais un bel emploi, un rang dans la société, et je sais pertinemment que tu as été destitué et que tu n'as pas donné ta démission, comme tu me l'avais assuré. Tu vends maintenant des journaux à la criée, et encore lesquels ? les plus incendiaires, ceux qui ne font que lancer un venin qui empoisonne la société, qui sont remplis de mensonges et de prétendues nouvelles inventées pour pousser le peuple à la rebellion, empêcher la confiance et les travaux de renaître ; enfin, mettre tout en question et paralyser le commerce. Vous parlez sans cesse de lettres reçues dont vous ne pourriez montrer aucune, vous prenez à tâche d'indisposer le pauvre contre le riche. Qu'a produit votre patriotisme ? La misère, et la plus profonde misère !... Eh bien ! moi, je dis que tu est un *démago*. Lequel vaut le mieux, l'*aristo* ou le *démago ? La paix ou les horreurs de la guerre civile ? L'olivier ou le poignard ?* La conscience de l'honnête homme ne laisse aucun doute sur la réponse.

Eugène. Oui, mon cher, j'étais déjà, comme tu me le dis fort bien, un libéral consommé. Je rêvais au bouleversement de la société qu'il faut renouveler, et je suis maintenant *un républicain démocrate et social, saint-simonien, phalanstérien, communiste, fouriériste,* etc., enfin *démagogue*, et je veux que nous soyons sur la terre libres, tous égaux et frères ; je ne veux plus de riches ni de pauvres, la propriété est un vol et chacun doit avoir son coin de terre ; plus de religion ni de noblesse ; pas plus de juges que d'armée et de police, et surtout plus de prêtres qui s'enrichissent de nos sueurs, tandis que nous mourons sans le sol, n'ayant qu'un pauvre chien à notre suite ; c'est notre partage... Tiens, justement voilà un bel enterrement qui passe. Ah ! le curé va faire une bonne journée de 50 à 60 fr. au moins ; c'est une chose affreuse, et l'on me parlera d'égalité, allons donc ! ces nobles et cette aristocratie financière qui ne feraient rien pour le peuple, qui ne font pas travailler, ils le font tout exprès, mais ils paieront tout cela tôt ou tard, sois-en sûr.

Silvain. Tu dois t'apercevoir que toutes ces idées te conduisent, ainsi que la société, à la plus affreuse *anarchie*. Tu parles des prêtres, tu dis que le curé va gagner de 50 à 60 fr. ; tu sais très bien que c'est le contraire, mais c'est égal ; comme vous ne vous appuyez que sur des mensonges pour monter les têtes faibles qui vous écoutent comme des oracles, et que vous ne rêvez qu'émeutes ; vous êtes contents si vous parvenez à troubler l'ordre, c'est un pas de plus vers le mal, c'est votre but. Revenons au clergé : cet enterrement va coûter 50 à 60 fr. ; malheureux, tu n'ignores pas qu'il faut, sur cette somme, salarier les chantres, le sacristain, les enfants de chœur, etc., payer à la fabrique de la paroisse pour l'entretien de l'intérieur de l'église ; ce sont des édifices qui, tout en étant nécessaires, embellissent la capitale ; et après tout, le curé n'a d'honoraires que pour sa présence prolongée et se rendre au cimetière. Quand un chef d'atelier envoie ses ouvriers travailler au loin, ou qu'il les occupe passé le temps qu'ils doivent, n'ont-ils pas un supplément de paie ? Et de quoi vous plaignez-vous ? ce sont les parents du défunt qui font les frais, ils veulent du luxe, tant mieux, l'argent roule, il est rond et fait pour cela. Et que ne dites-vous pas encore de la conduite privée des ecclésiastiques, des maisons religieuses, des estimables sœurs de charité qui se vouent toute leur vie à nous soigner dans les hôpitaux, et des frères de la doctrine chrétienne qui instruisent nos enfants ? Direz-vous aussi d'eux qu'ils s'enrichissent de vos sueurs ? Si vous étiez justes, vous diriez que ce sont les enfants du peuple qui s'enrichissent de leur persévérance à enseigner à la jeunesse des doctrines saines, et qu'ont-ils pour reconnaissance de votre démagogie ? Si par malheur, dans le nombre des ecclésiastiques, le hasard veut qu'un commette une faute, un égarement, etc., vous en faites de suite une grande affaire en criant bien haut au sacrilége, et vous avez soin de tout faire rejaillir sur la religion, telle qu'elle soit ; vous ne reconnaissez que votre démagogie, voilà la vôtre, si toutefois elle en est une, et de répandre partout ces fautes, qui sont des crimes à vos yeux, et vous croyez de suite avoir remporté une grande victoire ; les colonnes de vos journaux indisposent le peuple contre l'exemple des vertus. N'avons-nous pas cinq doigts à chaque main ? Eh bien ! l'un ressemble-t-il à l'autre ? Non... ils ne sont donc nullement responsables les uns des autres : et pourquoi attaquer le clergé tout entier par des infamies ; dans tous les corps d'état dont est composée la société, l'armée, le barreau et les administrations, etc., s'il y a des hommes qui se conduisent mal en s'écartant du chemin de l'honneur, les lois ne sont-elles pas là ; et la justice *de Dieu*, où chacun aura un jour à rendre compte de ses actes, pour qui la prenez-vous ? Vous vous plaignez des riches et de la noblesse, ils ont bien aussi à se plaindre de votre démagogie, et comment voulez-vous qu'ils fassent travailler ? Vous ne voulez plus de luxe, vous les insultez et menacez même, au point qu'il y a six mois encore, personne n'osait plus sortir, en toilette surtout. Vous faites le mal dans tout, et cependant il y a des riches et des nobles bons et charitables qui font du bien, et ils sont nombreux ; tu n'est pas sans savoir que la famille Delessert, depuis la révolution de février, a toujours fabriqué du sucre, que leurs magasins en sont encombrés et sans écoulement, que ce sont des fonds énormes qui dorment sans rapport, et tant d'autres industriels, quels sacrifices n'ont-ils pas faits pour venir en aide aux classes laborieuses. Je connais des nobles qui ont perdu la moitié de leurs revenus, eh bien, ils continuent le même train de maison et leurs dames portent des consolations pécuniaires aux familles pauvres, et s'occupent de placer des jeunes orphelines dans des maisons qui en prennent soin, et elles font le bien pour faire du bien, non par ostentation, comme vous voulez bien le dire. Qu'as-tu à répondre à des choses pareilles ? Je t'en nommerai par centaines, de ces nobles et riches que vous abimez et dont vous convoitez encore ce qui leur reste, et la preuve, n'avez-vous pas fait mettre dans certains journaux le tableau des principales fortunes de Paris, que vous avez eu soin de gonfler, à propos de quoi et dans des moments d'effervescence, il y avait là une arrière pensée, et vous avez compté comme revenus des châteaux, maisons, terres et jardins d'agrément, qu'ils habitent sans rapport, qui leur coûtent, au contraire, les contributions et entretien qu'il faut payer.

EUGÈNE. Je te l'ai déjà dit, tu n'es pas à la hauteur des évènements, nous voulons renouveler la société, que tous les vieux préjugés disparaissent, que les Hongrois, cette belle nation si vaillante réussisse, et tu verras comme nous mènerons les affaires ; la Pologne sera bientôt ressuscitée et debout sur pied.

SILVAIN. Toujours le fer et la flamme partout, des guerres dans toute l'Europe et c'est encore vos sectes qui ont nécessité celle d'Italie ; ce n'est pas à cette digne nation italienne que la France en voulait, c'est cette démagogie qu'il a fallu détruire aussi bien qu'en France. Reste-t-il autre chose des guerres et des révoltes que le désespoir ? Que n'avez-vous pas dit du *Saint Père Pie IX*, le chef universel du catholicisme, après l'avoir loué de ses bienfaits pour le peuple ? que n'avez-vous pas dit de cette brave armée qui a obéi aux ordres donnés ? vous avez cherché, par tous les moyens imaginables, à ternir la belle réputation de son général en chef, ce brave et bon guerrier ; vous n'avez seulement pas tenu compte qu'il est le fils d'un maréchal renommé de l'empire, qu'il marche sur les traces de son père, que la France sera toujours fière d'avoir de tels hommes à citer. *Dieu* a voulu que la journée du 13 juin fasse cesser tant de calamités ; s'il en eût été autrement, c'en était fait de cette armée de la Méditerranée, depuis son général en chef jusqu'aux derniers soldats, tous auraient été victimes de vos colères. Il n'y a pas une famille qui n'ait à déplorer le résultat de votre démagogie, la mienne la première ; il y a vingt mois encore, j'avais cinq enfants, dont quatre garçons ; je n'avais rien négligé pour leur donner de beaux états, les deux aînés étaient déjà de bons ouvriers en bijouterie quelque temps avant la révolution de 1848. Les travaux diminuent et les ateliers sont spontanément fermés le 25 février ; plus de travail. Que faire ? Mon aîné, âgé de vingt-et-un ans, libéré de la conscription par son bon numéro, s'engage volontaire, va rejoindre le 36e régiment en Afrique ; dix mois s'écoulent, il rentre en France caporal et fait partie de l'armée d'Italie, où il a trouvé une fin bien cruelle au camp d'*Aqua Traversa*, sous les murs de Rome. Les deux suivants ont pris du service dans la garde nationale mobile de la Seine, et tu sais ce que ce corps de jeunes gens a eu à souffrir, tant par vos armes fratricides que par vos attaques, et cela pour avoir été fidèles à leur drapeau. Eh bien ! c'est un crime pour vous, et s'ils avaient tourné la crosse de leurs fusils en l'air en faveur des insurgés, votre affaire était faite, vous les eussiez portés en triomphe jusqu'à nouvel ordre, aussi se sont-ils retirés de ce corps dès qu'ils l'ont pu. L'un d'eux vient de prendre du service dans l'armée, l'autre est sans ouvrage. J'avais de plus un neveu qui a été blessé au Panthéon et amputé ; trois jours après il meurt. Il était garde national de la 3e légion de la banlieue, bataillon d'Issy. Il a laissé une jeune veuve et deux enfants... Voilà, mon cher, où nous a conduit votre système, et quand vous rencontrez un homme, vous vous informez s'il est démagogue, sans vous inquiéter qu'il soit Cosaque, Prussien, Hongrois ou Français, et voilà pour vous un vrai frère, la nationalité n'est rien, et vous vous dites des patriotes, vous êtes les plus grands fléaux de la société, vous l'avez mise à deux doigts de sa perte et dans le plus affreux désespoir.

EUGÈNE. Quel malheur que nous n'ayons pas la majorité à l'Assemblée législative, tu verrais comme les choses changeraient de face.

SILVAIN. Je le crois bien, mon cher, je suis même plus que persuadé, et je dirai à ce sujet, comme l'a fort bien dit **M.** de Montalembert à la tribune, que la droite et les personnes notables s'estimeraient très heureuses d'en être quittes pour quelques mois de prison, et votre parti avait déjà bien commencé, en voulant mettre le président de la République et des représentants du peuple hors la loi. Vous n'avez pourtant rien à objecter, depuis des années, vous ne faites que demander à grands cris le vote universel, vous l'avez obtenu ; son dernier résultat devait cependant vous désiller les yeux et vous faire comprendre que la masse des Français est fatiguée des discordes civiles. Crois-moi, mon cher, reviens de tes erreurs, il en est encore temps ; il est si beau de reconnaître que l'on s'est trompé, sutout quand on a un poids aussi lourd sur le cœur ; ta conscience ne sera nullement compromise, tu rentreras dans la société et tu participeras au bonheur qu'elle éprouvera aussitôt que tout sera rentré dans l'ordre. Tiens, prends pour preuve de ce que je te dis la remarque que j'ai faite le jour de la fête du 15 août dernier, comme tout le monde s'est rendu aux offices divins et allait ensuite à la promenade d'un air joyeux, la sérénité était peinte sur les figures. Quelle différence avec la pareille journée de l'an dernier, des émeutes, le rappel, les baïonnettes en permanence, personne dans les rues que ceux qui avaient affaire, et encore l'on remarquait leur inquiétude, le monde se sauvait en place de se promener, et l'argent ne circulait pas.

Eugène. Ah ! mon cher camarade, si tu continues à me parler ainsi, nous ne serons plus bien ensemble, car je vois bien que tu ne fréquentes pas les clubs, c'est là où tu entendrais des hommes qui réfutent tout ce que tu dis avec une telle conviction que tu ne pourrais pas te défendre de les apprécier, et tu finirais par leur donner raison.

Silvain. Je suis toujours le même, et si tu ne veux plus me voir, c'est comme cela te fera plaisir, je ne me sépare pas de mes amis pour affaire d'opinions, surtout quand je leur connais un bon cœur et des qualités. Tu as raison de penser que je ne fréquente pas les clubs, car je suis encore à savoir où est la porte d'un, et cela pourquoi ? parce que je suis moralement sûr que vous n'y traitez rien de bon, d'après ce que m'ont dit des amis ; certes, que si vous parliez de faire le bien, d'aviser aux moyens de resserrer les liens de la société, à ce que nous nous aimions tous comme des frères, comme vous le dites, à la bonne heure, je me ferais un vrai plaisir de vous fréquenter, mais, mon cher, vos discours sont terribles, vous ne parlez que de purger la société, et par des moyens qui font tressaillir les cœurs les plus endurcis dans le crime, on n'entend que mensonges et impostures. Que n'at-on pas dit du président de la République, le chef de l'État, l'élu spontané de six millions de voix universelles, et de ces braves : maréchal Bugeaud d'Isly ; généraux Cavaignac, de Lamoricière et Changarnier. Lorsqu'il était question, il y a quelques années, de les nommer à là chambre des députés, ce n'était pas alors des monstres, des traîneurs de grands sabres, ni des bouchers, etc. ; comme vous les avez qualifiés, vous reconnaissiez leurs grands talents militaires et leur bravoure, vous les appeliez, comme de fait, les vainqueurs d'Afrique, et ces braves et dignes généraux vous ont prouvé qu'ils n'avaient pas les bras trop courts pour tirer les lames des fourreaux de ces grands sabres. Vous ne vous souvenez donc plus comme vous avez arrangé la garnison de Paris en février 1848, vous l'avez renvoyée, humiliée et ravalée, désarmé de braves officiers et soldats ; j'en ai vu revenir sans épaulettes ni épée, ils pleuraient, ces dignes militaires, et je crois que je n'ai jamais éprouvé tant de peine dans ma vie que de voir ce triste spectacle, et vous n'avez pas eu honte de venir une année après les cajoler pour les attirer dans vos filets, vous avez tout employé pour mettre l'indiscipline dans les camps, pour indisposer les soldats contre leurs chefs. Aussi, vous en avez connu les résultats : cette digne armée est restée fidèle à son serment *de bien servir la patrie.* Votre propagande est partout. Lyon surtout avait son mot d'ordre ; ce brave et beau régiment, le 17e léger, qui a tenu une si belle conduite en Afrique, a failli en être victime, et les belles paroles de ce digne capitaine, en tombant d'une de vos balles, qui s'est écrié : « Que je suis malheureux de n'être pas mort il y a six heures, je n'aurais pas eu la douleur de voir ce qui se passe. » Mais il a été bien vengé par le courage sans exemple de ses frères d'armes du même régiment... Ces trois sous-officiers qui sont représentants à l'Assemblée législative, qu'en avez-vous fait ? Vous les avez sortis des rangs de l'arméé et perdus... Quels beaux services vous avez rendus à ces jeunes militaires qui avaient un bel avenir, et cela pour donner de la force et servir vos sectes, ainsi que tant d'autres qui sont victimes de votre démagogie, qui gémissent dans les fers... Tiens, en voilà assez, car je n'en finirais pas.

EUGÈNE. Et le droit au travail ! que nous voulons et où nous arriverons. **Plus d'exploiteurs de la sueur des ouvriers !** le salaire doit être égal et le gain partagé en société, etc. Les maîtres et marchandeurs, tout doit être sans distinction.

SILVAIN. Je te conseilles de demander le droit au travail, tu ne te rappelles donc plus ce beau résultat des *Ateliers nationaux*, c'était une vraie Tour de Babel ; tout le monde accourait pour toucher la paie : propriétaires, rentiers, ouvriers de tous états, hommes de peine et de lettres, artistes dramatiques et peintres, employés, bijoutiers et autres, etc., jusqu'aux enfants de dix à douze ans qui abandonnaient les écoles pour venir sur le terrain passer leur temps à insulter les femmes et les vieillards qui passaient, jouer aux dés et aux cartes, jeter des pierres et de la boue au monde ; c'était leur affaire. Vous ne voulez plus de maîtres ni d'entrepreneurs, mais malheureux que vous êtes, l'ouvrier est parfois plus heureux que certains maîtres : un ouvrier fait sa journée, rentre au sein de sa famille, trouve son souper prêt, se couche satisfait, et il n'en est pas toujours de même des maîtres, qui sont très souvent embarrassés pour faire la paie ; ils ne vous disent pas leurs inquiétudes. Ah ! si vous pouviez compulser les registres des monts-de-piété, vous y trouveriez la preuve des grands sacrifices que font souvent les maîtres pour se procurer de l'argent qui revient à 12 p. º/o, car ils savent que l'ouvrier a travaillé et qu'il doit être payé. Vous nous citez toujours les maîtres qui ont réussi et qui ont ramassé quelque chose, mais vous ne parlez jamais de ceux qui se sont ruinés, les uns pour avoir tenu le plus longtemps possible, toujours dans l'espoir que les choses iraient mieux ; les autres par des malheurs privés, pertes, etc., et enfin par inconduite, et qui n'ont pas su faire leurs affaires, et ce sont précisément ces derniers qui veulent s'en prendre à la propriété d'autrui, et parce qu'un brave ouvrier, intelligent, d'une conduite exemplaire pendant une trentaine d'années, aura su épargner de quoi vivre sur ses vieux jours, c'est un *exploiteur* et un *aristo*. Pour vous, enfin, vous ne savez comment les qualifier, eh bien ! mon cher, il y a des braves ouvriers qui sont parvenus à acheter des propriétés en maisons, la révolution arrive, ils n'ont plus rien ; ils avaient besoin et impossible à eux de trouver à emprunter la moindre somme, et vous viendrez nous dire que la propriété c'est le vol. Voyez où vous avez plongé toutes les classes de la société que vous appelez des frères, par ces déclamations furibondes.

Eugène. Tu as là une liasse de papiers dans les mains, serais-tu par hasard dans la chicane.

Silvain. Tu dois bien entendre par mes discours que je ne suis pas homme de barreau. Tiens, à propos, entrons à côté, tu prendras connoissance de ce que j'adresse aux représentants de l'Assemblée législative, tu me diras franchement ce que tu en penses.

Eugène. Je te remets, mon cher, tes papiers et je t'en félicites, tu es heureux d'avoir d'aussi belles et bonnes pensées, je vois avec plaisir que je me suis trompé, je pensais que tu étais un *aristo consommé*, un *légitimiste profond*, mais je vois que l'amour de ta patrie domine chez toi, ton travail est aussi bien du côté du pauvre que du riche et de l'ouvrier, tu sais ce qu'il faut aux uns et aux autres. Je crois que les représentants y puiseront de bons renseignements pour leur gouverne, lors de la discussion des lois organiques, c'est ce que je désire de tout mon cœur pour toi. Quant à moi, mon cher ami, je suis un homme égaré, je me suis trop lancé dans le parti, je ne peux plus reculer, je suis un bavard, un homme sans action et malheureux ; j'ai tout perdu, rejeté de ma famille qui est loin aussi d'approuver mon patriotisme, fâché avec mes anciens confrères et... il n'y a pas d'amis dans les démagogues, ils sont d'un égoïsme et d'une exigence dans l'esprit de parti étonnantes ; ce sont mes frères, et je suis fâché de ne pouvoir dire autrement.

Silvain. Eh bien ! mon cher Eugène, voilà comme les vrais patriotes doivent traiter le peuple, en donnant des avis et des conseils salutaires qui puissent amener à améliorer les choses, rétablir l'ordre, la sécurité dans la société. Que le commerce marche et je serai heureux ; si mes écrits ne font pas de bien, au moins ils ne feront pas de mal et j'aurai la satisfaction de pouvoir dire que j'ai fait tout ce qui a été en mon pouvoir de faire pour mon pays, et je finis, mon ami, par dire comme j'ai commencé :

Le Bonheur de la France avant tout.

1ᵉʳ *septembre* 1849.

SOLUTION

DE

DIVERSES QUESTIONS

RELATIVES

AUX LOIS ORGANIQUES

ET A DIFFÉRENTS PROJETS

CONCERNANT LES ADMINISTRATIONS FINANCIÈRES

et les Impôts qui peuvent en résulter.

CONTRIBUTIONS DIRECTES.

PROJET D'IMPOT

SUR LE REVENU ET LES DOMESTIQUES.

Il existe un projet de loi tendant à imposer le revenu de 1 p. %. Certains journaux, tout en approuvant cette mesure, trouvent que cette taxe est insignifiante et que pour qu'elle devienne une ressource efficace, il faudrait, selon eux, l'élever à 3 p. %.

Examinons la chose, quelles en seront les conséquences et ensuite le résultat? *Très funeste.*

De quelle somme partira-t-on pour prélever cet impôt, de 3,000, 5,000 ou 10,000 fr. de revenus.

Le revenu, comment le constaterez-vous ? *Sur le foncier.*

Y comprendrez-vous les fortunes en portefeuilles ?

D'abord tout le monde sait que le revenu en terre ne rapporte que 2 1/2 à 3 p. % au plus haut, que celui des maisons en temps de prospérité n'est guère que de 5 p. % et encore.

Le revenu en portefeuille, impossible d'y arriver, car il est trop précaire ; l'homme est riche aujourd'hui et le lendemain il n'a plus rien. D'ailleurs comment statuer et sur quoi baser cet impôt ?

Les propriétaires des maisons, depuis dix-huit mois sont sans revenus, car à peine si les locations se paient ; d'autre part, la moitié des propriétés sont grevées et les propriétaires ont pour surcharges les impositions et entretien. Tout cela va nécessiter des réclamations à l'infini. Les châteaux, maisons et terres en jardins dits d'agrément que les propriétaires habitent pendant la belle saison sont sans rapport pour eux, les comprendrez-vous comme valeur en revenus ? Diminuerezvous les sommes empruntées pour lesquelles les biens sont grevés ? ou si vous aurez recours aux tableaux des hypothèques et ferez-vous payer aux prêteurs 1 p. °/₀ de la valeur qu'ils ont sur les propriétés.

La grande partie des propriétaires, si vous désignez une somme pour prélever 1 °/₀, vont commencer à faire des ventes simulées pour descendre à la somme non imposée.

Cette nouvelle charge, au premier aperçu, paraît peu de chose, mais quand elle est jointe à toutes celles existantes, c'est sérieux, car pour peu que cela continue, il y aura plus à payer qu'à recevoir, et que va-t-il en arriver ? La plupart des propriétés vont être mises en vente et personne n'achètera, par les mêmes raisons que celles des vendeurs, d'autres feront démolir leurs châteaux et défricher les avenues et parcs. Adieu les belles promenades, les beaux points de vue sur les rives des fleuves, rivières et grandes routes ; notre belle France ne sera plus que des champs. La moitié des personnes à qui l'on suppose de la fortune vont cesser leur train de maison et les grandes maisons en feront autant à proportion ; si vous admettez l'impôt sur les domestiques, comme en parlent les journaux, les campagnards, les fermiers surtout, qui ont cinq ou six domestiques pour les aider dans le temps de la culture des terres, de fénaison et de moisson, vont les renvoyer et ne prendront des ouvriers que tout juste le temps nécessaire aux récoltes. Toutes les classes vont se restreindre au strict besoin, et alors plus de soirées, plus de bals ni toilettes, le commerce de certaines branches sera atteint. La société va se trouver abandonnée, plus de liens ni de relations amicales, et vous aurez à ouvrir de nouveaux registres pour l'hiver, qui arrive à grands pas : dix mille domestiques à Paris seulement sur le pavé, il y en a déjà assez depuis 1848, et plus de six mille se feront inscrire à l'indigence dans les bureaux de bienfaisance, et il en sera de même dans toutes les grandes villes. Ces domestiques ont des familles, frères, nièces et filleuls ; gagnant bien leur vie, il n'y a pas de mois qu'ils ne fassent des cadeaux, les uns sont des robes à leurs sœurs, les autres à la nièce, le marchand vend et la couturière travaille ; une autre fois, c'est un habillement confectionné au cousin, etc. ; les magasins se vident et la fabrication des étoffes va, c'est à ne plus finir le bien que cela fait au commerce.

Croyez-moi, messieurs les représentants, je sais très bien que les ministres, dans la position où sont les caisses publiques sont très embarrassés, mais souvent ils n'entrent pas assez dans les détails ; d'ailleurs ils ne le peuvent pas, c'est en grand qu'ils traitent les affaires, par suite des rapports qu'ils reçoivent, et qui trop souvent sont faits suivant les intérêts de ceux de qui ils émanent, et les conseils d'un homme du peuple qui connaît un peu l'administration, qui fréquente plusieurs classes de la société, ne sont pas toujours à dédaigner, il entend et voit par lui-même le pour et le contre et j'observerai qu'à la suite de recherches, que ces impôts vont faire le plus grand mal à la société, et sous tous les rapports, il résultera de très grandes difficultés pour les asseoir.

Que la Chambre législative revienne sur le vote de la Constituante relativement à l'impôt des sels, ainsi que je l'indique dans ma note des impôts indirects, qu'elle le maintienne pendant quatre ans, en le diminant d'un quart chaque année, cela procurera une ressource imposante.

Qu'il soit aussi décidé que l'exercice sur la vente en détail des boissons soit totalement supprimé et que les droits soient perçus à l'enlèvement des liquides, tout le monde paiera ; c'est le vrai moyen d'atténuer la fraude que l'exercice protége, et le gouvernement aura des sommes immenses dont il sera surpris.

Que la deuxième ligne des douanes soit entièrement supprimée et tout en trouvant une grande économie dans les dépenses, le commerce sera reconnaissant.

La réforme postale doit aussi être révisée, elle fournira également des recettes.

Enfin tout porte à croire que nous pouvons espérer la paix européenne, ce qui mettra le ministère de la guerre à même de pouvoir réduire l'armée d'un cinquième pour 1850, ainsi de suite jusqu'au pied de paix définitivement, et alors vous trouverez facilement un commencement d'exécution pour combler le déficit du Trésor, et en même temps dispenser de mettre de nouveaux impôts, d'autant plus qu'ils rapporteraient peu de choses et qu'ils seraient loin de rendre des services proportionnés au grand préjudice qu'il en résulterait.

Voyez, Messieurs les Représentants, ce que vous aurez à faire. Pensez-y bien, je vous en conjure.

Paris, le 10 août 1849.

2

ADMINISTRATION

DES DOUANES.

Dès la révolution de février 1848, l'on a vu apposer sur tous les coins de la ville de Paris qu'affiches sur affiches, qui demandaient la suppression des administrations, et celle que l'on semble vouloir la plus attaquer, même dans ses bases, c'est sans contredit *la Douane*.

L'administration des douanes forme un rayon frontière de 20 à 24 kilomètres de profondeur autour de la France : cette ligne a besoin d'être rectifiée.

D'une part, les manœuvres du service actif causent bien des différends avec les habitants qui sont aussi parfois inquiétés par les contrebandiers.

D'autre part, cette administration coûte fort cher au gouvernement et sans nuire aux recettes non plus qu'aux opérations relatives aux formalités à remplir, une économie d'un tiers des dépenses peut s'effectuer facilement, et cela en deux ans.

Pour y parvenir, il faut :

1° Supprimer la deuxième ligne.

2° Réduire le nombre des employés de bureaux au strict nécessaire, en admettant à la retraite ceux qui ont atteint le nombre d'années de service voulu par la loi et qui ne sont conservés que par protection, on arrivera facilement et promptement à la réduction nécessaire, sans être obligé de priver de leurs places ceux qui en sont pourvus.

La douane doit exister, elle ne peut être supprimée, elle sert à constater les importations et exportations.

Mais elle doit cesser d'être *une inquisition commerciale*, et ne peut conserver *le système continental*, dont les chefs de l'administration ont peine à débarrasser le commerce.

Un système prohibitif, soit à l'entrée, soit à la sortie, ne peut avoir lieu que dans des circonstances graves et pour quelques objets seulement.

Les droits d'entrée et de sortie doivent être mis en rapport avec la concurrence que nous pouvons avoir à craindre.

L'on doit bien se pénétrer de cette vérité, que les droits de douane ne doivent jamais être fiscaux, car ce qu'ils rapportent au Trésor est nécessairement enlevé au commerce.

Si les formalités auxquelles le commerce est assujetti dans le rayon des douanes sont nécessaires, il faut les simplifier autant que possible, soit en ce qui concerne la reconnaissance des marchandises, soit relativement à la délivrance des expéditions, et surtout ne rien laisser à l'arbitrage des employés qui, par un zèle mal entendu, causent des retards et des avaries pour chercher de la contrebande qui est insignifiante et quelques kilogrammes de tabac, ce qui coûte cher à la France.

OBSERVATIONS SUR LE SERVICE.

Supprimer entièrement la deuxième ligne dans toute l'étendue du rayon des douanes, établir un seul cordon gardé selon les localités, mettre un ou deux préposés de plus par brigade, si le service l'exige ; placer en arrière de cette ligne quelques postes à une distance de deux kilomètres, chargés d'un service ambulant; composer les brigades de bons employés, bien choisis, et améliorer leur sort surtout, car il ne faut pas le dissimuler, l'administration des douanes est la moins rétribuée, cependant c'est celle dont les préposés ont le plus de mal dans leurs exercices, car leurs fonctions les exposent souvent en face de l'ennemi, vis à vis des fugitifs étrangers qui se jettent sur nos frontières et en face surtout des contrebandiers qui ne sont pas des hommes à reculer, ni à lâcher leur proie ; la vie d'un préposé ne leur coûte que la joie qu'ils éprouvent de passer leurs marchandises en contrebande.

Comme nous l'avons dit, les emplois de préposé du service actif des douanes, jusqu'au grade de lieutenant d'ordre compris, sont les moins salariés.

Les simples préposés dont le plus grand nombre se compose d'anciens militaires sans pension ni ressource et souvent remplis d'infirmités qu'ils gagnent en couchant sur la dure; beaucoup sont mariés et ont des enfants, leurs appointements sont de 600 francs brut par année, les retenues faites pour la caisse des retraites et l'habillement, etc., réduisent leur paye par mois à 42 francs , ce qui fait net par jour 1 fr. 40 cent. Comment est-il possible qu'un ménage puisse exister? surtout dans des postes où ils sont inconnus la plupart, car l'on n'ignore pas que les habitants des campagnes n'ont pas honte de leur vendre les denrées plus cher qu'à la ville ; aussi les trois quarts de ces hommes n'arrivent pas à l'époque de leur retraite et plus encore, souvent quand le temps approche pour l'obtenir , des raisons pour leur service , parfois bien injustes, les privent de cette triste ressource , ils sont destitués et ne savent plus que devenir. Ceux qui ont pu supporter les fatigues du service, sont mis forcément à la retraite à l'époque où ils ont atteint le nombre d'années nécessaire , quand même ils voudraient, tout en étant aptes encore, bien continuer leur service pour augmenter leur retraite. Ajoutez à cela le sort de leurs malheureuses femmes, qui n'ont droit à la retraite de leurs maris que lorsque ceux-ci ont atteint l'époque où ils sont en droit de l'obtenir, et vous aurez un tableau de la misère qui est le sort de ces tristes familles. Ne serait-il pas juste d'accorder aux femmes qui deviennent veuves , une pension fixée au prorata des services de leurs maris. A la vérité quelques-unes obtiennent une petite gratification de 60 à 80 francs, une fois payée, et à cet égard les chefs subalternes sont bien partiaux.

Traitement que les employés du service actif devraient avoir,

Les simples préposés ont brut, par année, 600 f.		Ils devraient avoir 700 f.
Les sous-brigadiers,	650	800
Les brigadiers,	700	900
Le lieutenant d'ordre,	1,000	1,200
Le lieutenant principal,	de 1,200 et 1,400	1,400 et 1,600
Le capitaine de port maritime,	1,600	1,800
Les contrôleurs de brigades ,	de 2,400 à 3,000	de 2,000 à 2,400

BUREAUCRATIE.

Il y a en général trop d'employés dans les bureaux, la moitié ne fait rien, ce sont toujours les mêmes qui travaillent ; ils se rejettent la besogne de l'un à l'autre ; le commerce se plaint avec raison des retards qu'il éprouve et dont il souffre, car cela lui occasionne des frais considérables. On ne peut attribuer ce résnltat qu'au nombre plus que suffisant des employés. On objectera sans doute, qu'il faut un contrôle des opérations, c'est une erreur qu'il est facile de rectifiér. ·

Que l'employé qui prévariquera dans ses fonctions ou qui néglige ses devoirs soit dénoncé à la justice de suite, qu'il ne soit pas jugé en famille, dans le sein de l'administration, où il y a trop de partialité, qu'il puisse surtout se défendre, car il est arrivé que l'employé est changé, dégradé ou destitué, sans connaître les griefs dont on l'accuse.

TRAITEMENT DES EMPLOYÉS DE BUREAU

Il ne devrait y avoir que trois classes d'employés subalternes dans la partie administrative, aux appointements de 1,200, 1,500 et 1,800 f. Actuellement, il existe trop de classes et trop peu de différence dans les traitements : un surnuméraire qui débute à 600 fr, peut arriver à 3,000 fr. par 100 francs d'augmentation successive. Cela paraît ridicule au premier aspect, mais c'est un moyen employé pour couvrir la fraude et la protection. Il suffit à l'administration en effet d'envoyer ses préposés du nord au midi, pour ne pas crier trop haut à l'injustice, et au moyen de ces voyages, les favorisés atteignent assez promptement le chiffre le plus élevé des traitements.

L'administration sait bien que les employés sans protection, qui n'ont pas le moyen de faire de pareils changements pour 100 fr. d'augmentation, restent longtemps avec le même traitement. Elle sait aussi que ceux qui ont mérité un changement ou une dégradation, sont envoyés à des distances éloignées, sans qu'elle s'inquiète le moins du monde de leur position, ce qui fait que l'employé, qui n'a d'autre ressource que son emploi, est toujours dans les dettes et parfois dans la misère.

Les directeurs et les comptables trouvent leur loyer et chauffage, ainsi que ceux de leur famille, dans les frais et loyers de bureaux accordés par le gouvernement. On sait que généralement les loyers pourraient être d'un prix moins élevé ; ainsi ces messieurs se logent à leur convenance, aux frais de l'État, tandis que les simples préposés à 42 fr. net par mois sont obligés de se loger et chauffer à leurs frais.

Nous faisons observer que les abus que nous signalons dans ce mémoire existent pour ainsi dire dans toutes les administrations ; ainsi jugez : ne serait-il pas plus équitable, de voir les employés déjà au-dessus des premiers besoins, par leur position, etc., de supporter ces injustices, que les petits employés qui n'ont qne tout juste pour ne pas mourir de faim ; voilà des détails qui, à la première vue, ne paraissent rien et qui sont cependant de grandes vérités sur lesquelles le gouvernement aurait tout à gagner en y portant son attention. Il en résulterait de bonnes choses, en faisant disparaître les trop grands avantages qui existent entre les employés supérieurs et les inférieurs , on obtiendrait ainsi plus de subordination, et par suite plus d'ensemble dans les services, parce que cette morgue qui existe entre eux disparaîtrait.

Paris, ce 16 *juillet* 1849.

ADMINISTRATION

DES IMPOTS INDIRECTS.

IMPOTS ET EXERCICES

SUR LA VENTE EN DÉTAIL DES BOISSONS.

Depuis nombre d'années on ne fait que de parler de la suppression de l'exercice des droits sur la vente en détail des boissons, et cela encore dans les circonstances inopportunes ; mais personne ne sait donner de conseils pour remplacer ces droits ainsi que le mode de perception : les débitants de boissons voudraient qu'on prélevât cet impôt à l'enlèvement des liquides ; les propriétaires, surtout ceux du Midi, disent pourquoi nous donner cette charge (nous observons que les droits perçus à l'enlèvement ne nécessiteraient qu'un travail d'une quinzaine de jours par année ; une fois les comptes d'un chacun bien établis tout serait terminé, et l'exercice chez les débitants est à l'infini et à chaque minute, entre deux maux, il est plus facile de supporter celui qui fait le moins souffrir) ; d'autres demandent qu'il soit mis des droits sur le luxe, toujours le luxe en avant ; enfin le plus grand nombre désire que les droits se payent à l'octroi des communes, etc. C'est encore un mode de perception difficile à exécuter par rapport à la fraude qui se ferait, peu de localités ayant un mur d'enceinte.

PROJET DE L'AUTEUR DU TRAVAIL.

Dans toute la France, chaque propriétaire ferait une déclaration, à sa mairie, de la quantité exacte des terres qu'il a en vignes et du produit approximatif de ses récoltes, et une commission cantonale accompagnée de préposés de la régie, serait établie à cet effet. Elle déterminerait la situation de l'année. Les propriétaires ou vignerons déclareraient quelles sont les qualités de vins qu'ils fabriquent, ensuite les employés prendraient tout en charge.

Il faudrait établir trois catégories seulement qui payeraient chacune un droit différent ; dans la première serait compris les vins étrangers qui auraient acquitté les droits de douanes à leur entrée en France.

Chaque vigneron ou propriétaire ; enfin tout fabricant de boissons aurait un compte ouvert *ad hoc*, chez un receveur où il serait souscrit un acquit à caution, et toutes les fois qu'il sortirait des boissons de leurs caves, ils en payeraient les droits, ou à la destination, bien entendu qu'il y aurait des entrepôts. De cette manière, une fois la reconnaissance faite, tout serait terminé, et ceux qui voudraient pourraient vendre des boissons en gros et en détail. L'exercice et les entraves dans les débits de détail n'existeraient plus. Par ce mode de perception, le riche payérait comme le pauvre ; n'est-il pas en effet ridicule qu'un bourgeois qui a le moyen d'avoir du vin dans sa cave, de telle qualité et quantité qu'il lui plaît, ne paye qu'un simple droit de congé ; le lendemain qu'il a épuisé ses ressources, se trouvant obligé d'aller acheter litre par litre le vin dont il a besoin chez un débitant, et par conséquent de rembourser à ce marchand de vins, les droits que celui-ci paye à la régie. Il est d'une saine justice que tout individu doit jouir des mêmes prérogatives, et que s'il y a quelques impôts à payer, c'est plutôt le riche que le pauvre qui peut supporter cette charge ; avec l'exercice des boissons c'est tout le contraire, c'est le pauvre qui paye, et celui qui est dans l'aisance a du vin dans ses caves, sans être assujetti aux droits de consommation.]

Le nouveau mode de perception que nous indiquons a toujours été en vigueur à Paris ; là il n'y a pas d'exercice, les boissons payent à l'entrée de la ville, avec cette différence que c'est tant par pièce, sans distinction de qualité et de prix, et c'est une fausse perception. Comment les vins qui se vendent quarante centimes le litre dans Paris, payent autant d'entrée que ceux de premières qualités, fins et de luxe ; ce n'est pas légal, il faudrait les imposer à tant p. 0[0 de la valeur.

En mettant de l'uniformité pour tout le monde, ce qui devrait-être, vous n'entendrez plus les clameurs du peuple. Les droits se payeront sans mot dire, et le gouvernement par ce mode de perception égalitaire, pour toute la France, trouvera des recettes immenses.

Si l'exercice est maintenu, il faudra se garder de consentir aux transactions de l'abonnement, entre les marchands de vins et la régie ; cette manière d'opérer est très injuste, elle fait crier et ne peut être qu'au détriment de l'un ou de l'autre. Il faut à la France les mêmes lois pour tous, pas de privilèges, autrement cela décèle un gouvernement faible.

SELS.

Dans les circonstances où la France se trouve obérée par suite de ses dépenses imprévues, le dernier vote de l'Assemblée constituante, sur les droits des sels, est à regretter. Cette assemblée aurait dû laisser jusqu'au 1er janvier 1850 les choses telles qu'elles étaient, d'autant plus que M. le ministre des finances le demandait ; que signifie cette suppression de droit ? beaucoup de pertes pour le gouvernement, sans bénéfice efficace pour le peuple, parce qu'il faudra retrouver, sur le luxe des équiqages, peut-être, cet impôt. Eh bien! qu'a-telle fait l'Assemblée constituante ? elle a ôté un impôt qui est, pour ainsi dire, inaperçu dans les ménages ; car il en existe de sept à neuf personnes qui ne se doutent pas même de cette diminution, et le terme moyen est de trois individus. Jugez de l'effet qu'elle a pu produire ; et pour arriver à ce résultat vous allez couper les bras à près de 20,000 ouvriers à Paris, seulement, qui vont se trouver sans travail, s'il s'agit de l'impôt sur les équipages, comme il en a été question dans certains journaux ; vous attaquez précisément la partie qui est en rapport avec le plus grand nombre d'états ; locations de maisons, hangards et écuries de moins, marchands de chevaux et de fourrages, domestiques, fabricants de voitures, draperies, passementeries, selleries, peintures, etc. En un mot tout ce qui se rattache à l'équipage et c'est à l'infini. Si l'Assemblée législative peut revenir sur le décret de la Constituante, voici ce qu'elle devrait faire :

1° A compter du 1er janvier 1851, diminuer les droits sur les sels destinés à l'agriculture et aux bestiaux, les fermiers feraient à leur mairie respective la déclaration de leurs terres et du nombre de bestiaux qu'ils veulent élever, le gouvernement déterminerait la quantité de sel qui doit être accordé. Les maires délivreraient un certificat authentique des déclarations faites, et, avec cette pièce, il serait délivré par acquit à caution, les sels nécessaires à M. . . . . . ., demeurant à . . . . . ., etc. Ces acquits seraient déchargé par les employés de la régie des impôts indirets.

2° La deuxième année, arriveraient les salaisons des viandes et poissons, en remplissant les mêmes formalités ci-dessus écrites.

3° La troisième année, les droits seraient ramenés aux taux qu'ils ont maintenant.

4° La dernière année, le tout serait entièrement supprimé, l'impôt sur les sels n'existerait plus, seulement il serait perçu un simple droit de balance à l'enlèvement des sels, qui subviendra aux dépenses d'exploitation et à faire connaître au gouvernement la quantité des sels sortis des salines. Voilà comme cet impôt devrait disparaître progressivement, sans ôter d'un seul coup cette ressource.

TABACS.

Le gouvernement veut-il continuer le monopole des tabacs ? S'il en était ainsi, aujourd'hui que la France *a un gouvernement populaire, une république démocrate*, que tout doit être égal en France et que l'un ne doit pas payer plus que l'autre, il doit agir en conséquence. Comment ? aux frontières de la France et touchant la Belgique, le tabac coûte 4 francs le kilo, et à Paris on le paye 8 francs le kilo. Que signifie cette différence de prix ? Les Français du département de la Seine payent le tabac le double que les Français du département du Nord, la même marchandise qui est devenu pour eux, de première nécessité, c'est absurde, si le gouvernement juge à propos de vendre aux frontières le tabac 4 francs le kilo. Mettez-le au même taux pour toute la France.

Vous donnez pour raison que c'est dans l'intention d'atténuer la fraude et la concurrence, eh bien ? c'est tout le contraire. Par cette trop grande différence de prix, vous donnez aux contrebandiers un appas de gain assez fort pour supporter facilement les frais de transport. Ces hommes en faisant la fraude, ravagent les campagnes , détruisent les récoltes, font mettre les préposés des douanes et de la régie des tabacs à leurs poursuites, et dans les lignes intermédiaires, la gendarmerie est sans cesse sur le qui vive, ce qui établit souvent des conflits très désagréables aux habitants de ces pays et paralyse nécessairement le service de la gendarmerie qui serait employée plus utilement ailleurs.

Le gouvernement dira peut-être, comment voulez-vous que je remplace cet impôt si nécessaire dans un moment où les caisses sont vides? C'est bien facile, lui répondrons-nous ; que le nombre des fabricants de tabacs soit limité pour chaque localité, calculez à combien vous pouvez mettre les patentes pour droits de fabrication ; il faudrait en faire trois classes, selon l'importance des villes ou la qualité et la quantité des tabacs que l'on déclarerait vouloir fabriquer, et laissez-faire du tabac à ceux qui le voudront, après toutefois les formalités remplies.

Par ces moyens, la culture des tabacs sera libre en France, ce qui est d'un grand rapport ; voyez les pays étrangers, la Belgique surtout, sa culture est des plus florissantes, parce que le pays fait tout pour elle, tandis qu'en France bien des choses sont encore à faire.

Si le gouvernement se décidait à l'abandon du monopole des tabacs, il prouverait par là qu'il s'occupe des masses, qu'il prend tous les moyens possibles pour arriver à soulager le peuple et à faire marcher le commerce et l'industrie dont il a tant besoin.

C'est le désir de tout bon Français que le pays prospère et *Dieu* aidant, avec de la persévérance et de la confiance, tout fait espérer qu'on y arrivera.

PARIS, ce 16 juillet 1849.

RÉFORME POSTALE.

L'Assemblée constituante en réduisant les lettres simples à 20 c. pour toute la France, et celles d'un poids au-dessus dans une portion double, triple, quadruple ou quintuple etc., a choisi un moment bien triste pour opérer une réduction qui est loin de répondre au but que l'on mettait en avant.

L'intérêt du peuple! Le soulagement de la classe malheureuse.
Quelques lignes suffiront pour démontrer que l'illusion était à son comble.

1° L'on ne pourrait ignorer que la classe la plus nombreuse, celle des pauvres n'a d'autre correspondance qu'avec ses enfants qui sont sous les drapeaux, et que par conséquent cette réduction ne lui profite guère, jadis ces lettres étaient taxées à . . . . . » 15.

2° L'on sait égalemnnt que la classe des petits bourgeois, propriétaires et rentiers etc., entretient peu de correspondance, quoiqu'ils profitent de la réduction de l'impôt.

3° Mais ce dont on était convaincu c'est que la classe la plus riche et celle des hommes d'affaires, ainsi que le haut commerce surtout, gagnent immensément à cette diminution et le bénéfice qu'ils en retirent, n'est pas mentionné ni réparti dans les opérations, d'ailleurs il serait inaperçu et insignifiant dans le grand nombre d'affaires et en définitive, c'est une grande perte pour le trésor. *Car le soulagement de la classe malheureuse,* en faveur de qui cette loi a été décrétée ne profite de rien.

Pour rétablir l'équilibre dans cette partie, il conviendrait de fixer ainsi les droits.

	F.	C.
Pour l'armée en générale, les lettres simples à . .	»	15.
Dans l'intérieur des 10 premières villes en population, comme à Paris.	»	15.
Pour toutes les autres villes et communes. . .	»	10.

Les lettres pour l'arrondissement de la sous-préfecture, dans lequel on écrit . . . . » 15.

Celles pour tout le département quand elles sortent d'un arrondissement. . . . . » 20.

Pour le trajet le plus éloigné à parcourir en France. . 1 » ».

Pour les trois quarts du chemin à faire de la plus grande distance. . . . . » 75.

Pour la moitié. . . . . » 50.

Et pour le quart à parcourir . . . . . . » 25.

Un tarif ainsi déterminé, soulagerait le trésor en le mettant à même de recouvrer ses dépenses. L'épreuve dont le résultat était prévu, vient à l'appui de ces observations dont la justesse est facile à démontrer, tout le monde sait que plus les choses voyagent, plus elles coûtent de frais et par conséquent doivent payer à proportion.

Paris, le 16 juillet 1849.

DÉCORATION

DE L'ORDRE NATIONAL DE LA LÉGION D'HONNEUR.

Cette marque distinctive fut destinée lors de sa création à récompenser les grandes actions civiles et militaires. Elle consacrait en quelque sorte l'égalité : rien de plus juste et de plus équitable au premier abord. — Cependant ont voit avec peine que des hommes dont les fonctions sont entièrement opposées, portent la même décoration.

Elle avait été précédée par la distribution aux militaires *seulement*, des sabres, fusils, carabines, baguettes de tambours, etc. (dits d'honneur), décrétée par une loi rendue sous la première République.

Ne serait-il pas plus convenable de suivre à cet égard la conduite de différents États ? Les décorations qu'ils décernent sont distinctes : l'une est accordée au civil, l'autre aux militaires. Elles jouissent l'une et l'autre des mêmes honneurs et prérogatives. La couleur du ruban est seule différente. Le ruban bleu de ciel moiré, sans liseré, comme était la croix de la Réunion de la Hollande sous l'Empire est celui qui conviendrait le mieux, nous pensons même que ces deux distinctions existaient avant 1815. En effet, ne doit on pas s'étonner que des savants de toutes les classes, des artistes, des hommes de lettres, le clergé, le barreau et les administrations, etc., portent la même décoration, que les militaires qui souvent l'ont gagnée à la baïonnette. Au moyen de deux distinctions, que le ruban seule distinguerait, l'étonnement dont nous avons parlé, cesserait.

Loin de nous la pensée d'exclure qui que ce soit de l'honneur d'obtenir les deux décorations. Ainsi le savant, l'artiste, l'homme qui a passé sa vie et sacrifié sa fortune à enrichir son pays de choses utiles ; qui aura obtenu la décoration de mérite civil, serait apte, à recevoir celle militaire, lorsqu'il se serait signalé par quelque action d'éclat en fait d'armes comme le militaire déjà décoré pour une action de bravoure, aurait droit à la distinction civique, s'il se distinguait par des ouvrages scientifiques, ou par des travaux utiles à la France.

En donnant l'espoir à l'ouvrier de concourir à l'honneur de porter l'insigne du mérite civil, l'on verrait assurément sortir des ateliers des choses sublimes, car l'ouvrier rend autant de services à sa patrie par sa persévérance à inventer des choses, souvent incompréhensibles que le militaire qui ne doit parfois, son coup d'éclat, qu'au hasard et sans combinaison.

Depuis la République de 1848, l'on s'est plû de répéter que l'on devait substituer jusqu'au grade d'officier, non compris, à la croix d'honneur accordée aux militaires, des sabres, fusils, etc., que l'on donnait primitivement ; c'est bien, si la Légion-d'Honneur n'était pas instituée et par contre coup, il faudrait donc donner à l'ouvrier, aux savants et au clergé, des objets d'honneur analogues à leur état et fonction ; mais aujourd'hui il en est tout autrement, il faut bien se garder de mettre ces prétendus projets à exécution, ils perdraient d'un seul coup, notre belle et brave armée, le militaire ne peut pas toujours porter ces armes d'honneur ; tandis que la croix passe partout et fait voler à la victoire, comme elle serait la fierté du civil.

Paris, le 16 juillet, 1849.

OBSERVATIONS

A l'égard des Etrangers sans aven qui franchissent les frontières de la France.

Le plus grand nombre de ceux qui se livrent à la mendicité, surtout à Paris, se compose d'étrangers traversant trop facilement nos frontières, pour la plupart gens sans aveu, sans état, qui tombent trop souvent dans la plus affreuse misère et deviennent dès-lors à la charge des hôpitaux.

Ne serait-il pas prudent et convenable surtout de suivre l'exemple de certains petits États qui bordent la rive droite du Rhin, qui ne reçoivent chez eux que ceux qui présentent une certaine existence dans le pays, qui y ont des affaires, ou un état, dans ces cas, l'étranger doit montrer à la frontière une somme suffisante pour la route qu'il a à parcourir et en outre de quoi se nourrir pendant un mois, temps nécessaire pour se pourvoir d'un travail quelconque.

S'il en était ainsi, combien la ville de Paris y gagnerait et principalement en hiver, car il est bon de savoir que la plupart des étrangers de cette classe, sont des femmes qui, au détriment des malheureuses de Paris, nettoient les rues, surtout dans les temps de neige et de glace et souvent s'en retournent dans leurs foyers, avec 300 ou 400 fr. d'économies produites, soit en travaillant, soit en vendant différents objets, le plus souvent en demandant la charité et en séjournant dans les hôpitaux.

Sans doute il est beau de donner l'hospitalité aux étrangers, la France les a toujours bien accueillis, mais quand les faits que nous venons dénoncer se reproduisent annuellement, n'est-il pas indispensable d'y mettre un frein qui empêcherait l'irritation qui naît dans le peuple, à la vue d'une injustice qui lui paraît encore plus grande par l'espèce de protection accordée à ces femmes étrangères, aux dépens de nos malheureux habitants de la capitale, manquant que trop souvent du plus strict nécessaire : cette circonstance amène des conflits, dont profitent les agents des discordes civiles.

Paris, le 16 juillet 1860.

S. B. HAQUARDIO,

de Thionville (Moselle),

58, rue du Cherche-Midi.

Imprimerie de Cosson, rue du Four-Saint-Germain, 47.

www.ingramcontent.com/pod-product-compliance
Lightning Source LLC
Chambersburg PA
CBHW051355060726
47596CB00005B/1932